Table of Contents

Fun Teeth Facts 4

What can you learn from teeth? 7

Why do people and animals see dentists? 10

What happens during a dental exam? 11

Taking Care of Teeth 19

Did you know . . . ? 22

Word Bank 24

Fun Teeth Facts

There are all different kinds of teeth:

Incisors are teeth in the front of the mouth used to grab food or cut it into smaller pieces.

Canines are sharp pointy teeth used to grab and tear food.

Premolars and Molars are teeth used to grab, grind, tear, or crush food.

Dogs, cats, and people have baby teeth that are replaced by adult teeth. If an adult tooth falls out, a new tooth does not replace it.

Some lizards shed their teeth every once in a while, just like they shed their skin. The shed teeth are replaced by brand new teeth.

Rabbits have incisor and molar teeth that are always growing longer. They wear them down by chewing on things to keep them at the right length.

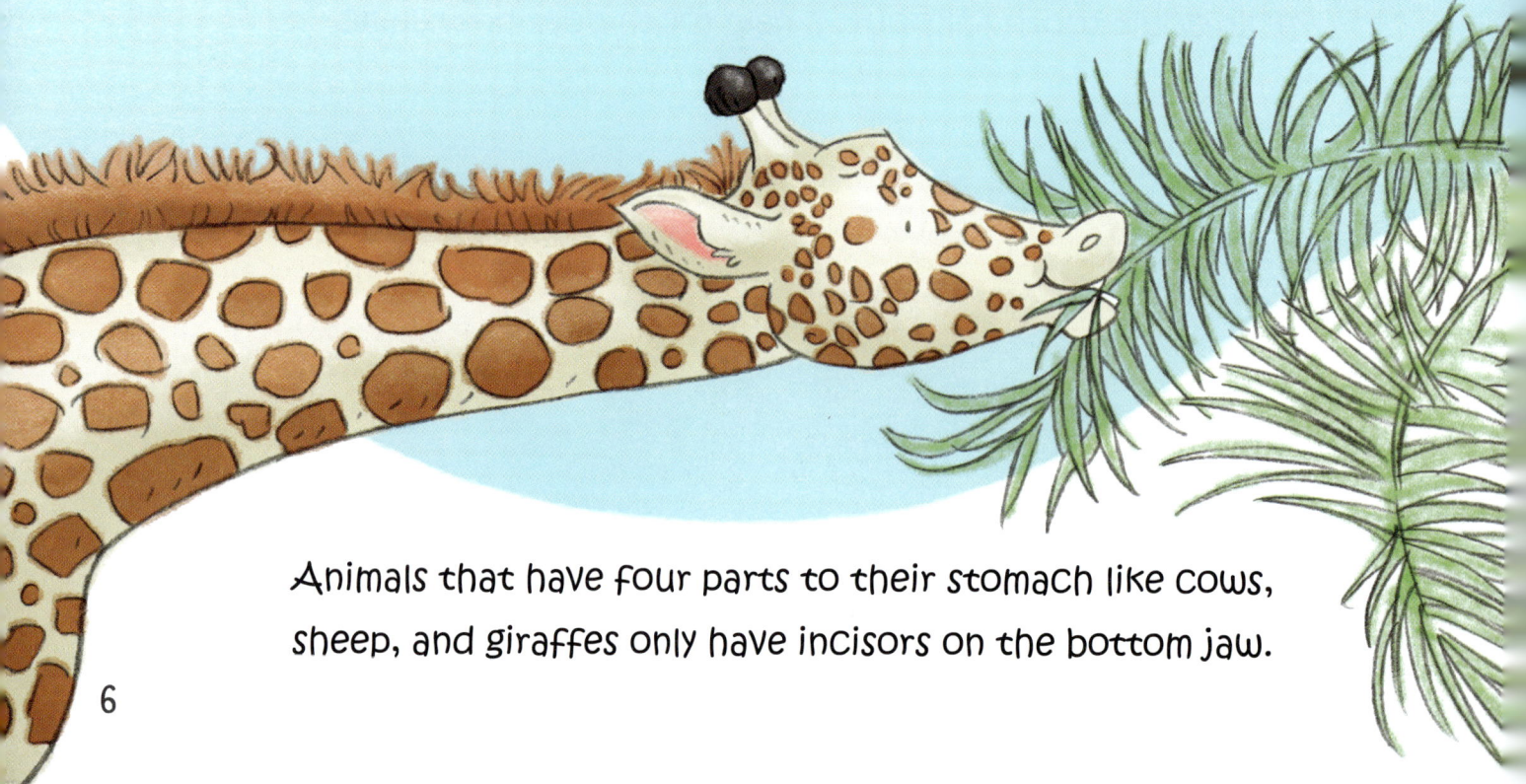

Animals that have four parts to their stomach like cows, sheep, and giraffes only have incisors on the bottom jaw.

What can you learn from teeth?

You can learn a lot about an animal just by looking at its teeth. Teeth can tell you what an animal eats. Animals with sharp, pointy teeth, like tigers, eat meat. Meat-eaters are called carnivores.

Animals with flat teeth, like donkeys, eat plants. Plant-eaters are called herbivores.

Animals with both pointy and flat teeth, like people, can eat both meat and plants. Animals that eat both meat and plants are called omnivores.

Teeth can help you guess the age of an animal or person. In people, you can see baby teeth at around 6 months of age. Adult teeth can be seen at about 6 years old. Different types of adult teeth come in at different times.

When Teeth are Seen

	People	Dogs	Cows
Baby Teeth	6 months old	3 - 5 weeks old	when calves are born
Adult Incisors	6 - 9 years old	4 - 5 months old	1 1/2 - 3 years old
Adult Canines	9 - 12 years old	6 - 10 months old	3 1/2 - 4 years old
Adult Premolars	10 - 13 years old	4 - 6 months old	2 - 3 years old
Adult Molars	6 - 21 years old	4 - 7 months old	5 months - 2 1/2 years old

Why do people and animals see dentists?

People go to the dentist to keep their teeth and mouth healthy. The dentist and dental hygienist will clean and check your teeth. The dentist will look for germs that collect on teeth (plaque), red or swollen gums (gingivitis), and holes in the teeth (cavities). Dentists can also repair teeth that have been chipped or broken after an accident. Animals see veterinarians to have their teeth checked for the same reasons. Veterinary technologists assist the veterinarian.

What happens during a dental exam?

When you or your animal see the dentist, some things will be the same, and some things will be different. Your dentist might ask you if your teeth or gums hurt. Your veterinarian will ask if your animal has been having any teeth problems, or is having trouble eating.

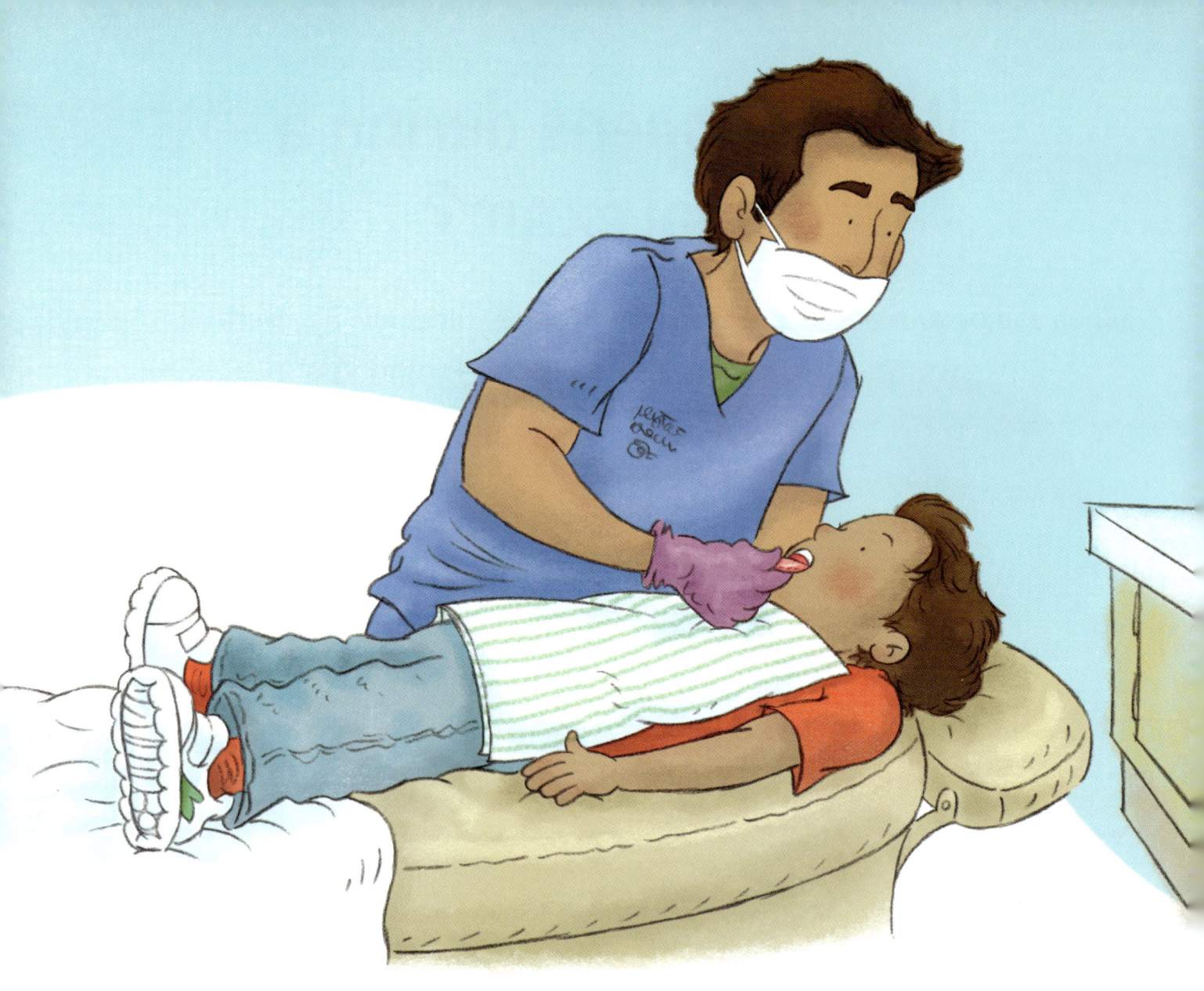

You will be awake during your visit to the dentist. Your dentist will ask you to open your mouth wide. Your dentist will look in your mouth and check to be sure your teeth, gums, and tongue are healthy.

Your veterinarian will look in your animal's mouth to make sure everything is okay. Animals are given medicine to make them sleepy so the veterinarian can do a good examination without accidentally getting bitten.

Instruments are tools that the doctor uses to examine teeth. Veterinarians and people dentists use many of the same instruments.

The Probe is used to examine the gums around the tooth and to see if the tooth is loose.

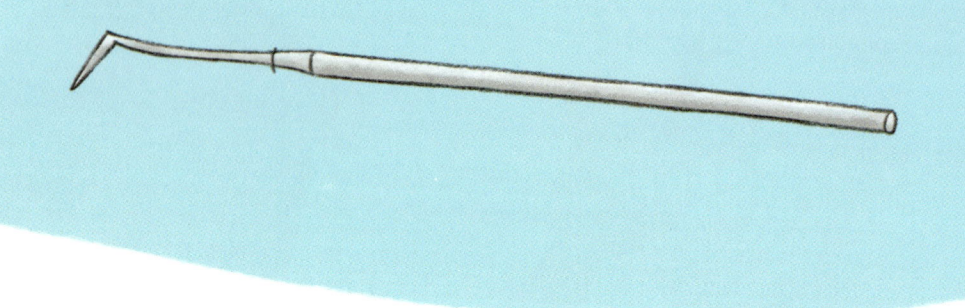

The Explorer is used to see if there are soft areas or cracks in the tooth.

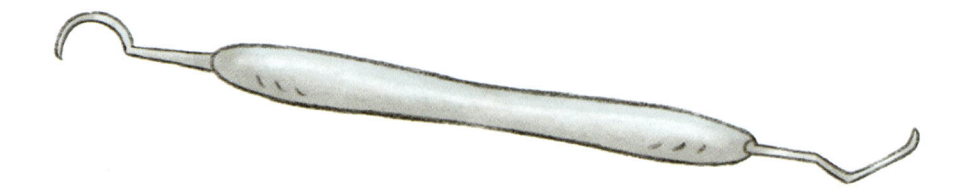

The Mirror is used to explore hard-to-see places inside the mouth.

The Scaler is used to clean things stuck to the surface of the tooth.

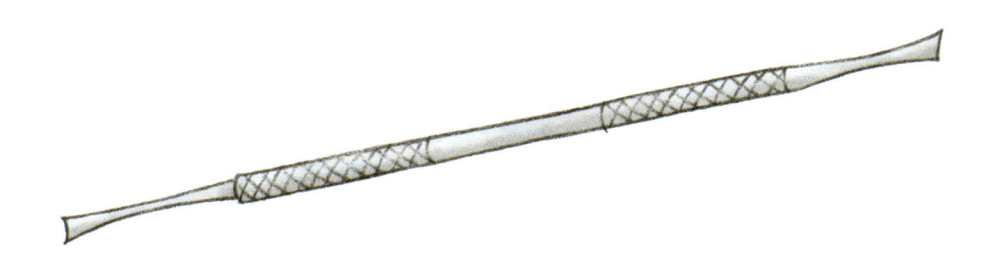

Other instruments are used to polish, remove, and fix teeth.

Parts of your teeth are hidden inside your gums so the dentist can't see them. Your dentist will use an X-ray machine to take a special picture so they can make sure these parts are healthy. Veterinarians also use X-ray machines to take pictures of your animal's teeth.

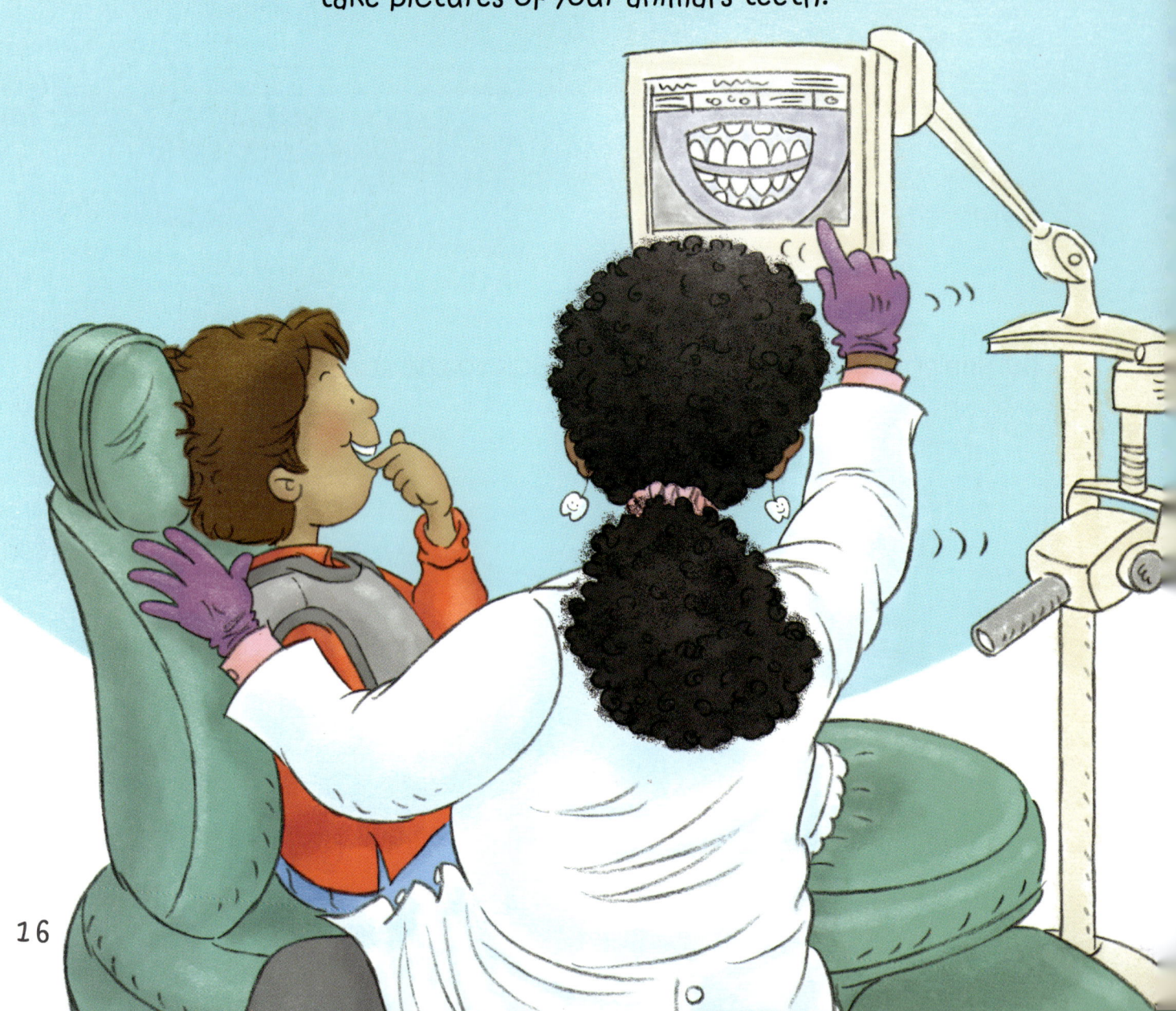

Your dentist and dental hygienist will clean and polish your teeth. Your veterinarian and veterinary technician will take care of your animal's teeth.

Your dentist will fix problems with your teeth. Your dentist might repair a broken tooth, fix a cavity, or pull out a bad tooth that won't come out by itself. Your veterinarian will fix the same problems with your animal's teeth. Your veterinarian will also help animals with different problems. They might have to trim a rabbit's teeth if they grow too long.

Taking Care of Teeth

You can take good care of your teeth by keeping them clean, protecting them, and eating healthy. Your dentist will show you how to take good care of your teeth. Your veterinarian will show you how to take good care of your animal's teeth.

You can care for your teeth by brushing them twice a day, flossing, wearing a mouthguard if you play sports like football, and by not eating too much sticky or chewy candy.

You can brush your animal's teeth to keep them clean. It is very important that you use special toothpaste. Toothpaste made for people can be poisonous for animals like dogs and cats. Some pets like their teeth brushed and some do not. Always ask an adult before you brush your pet's teeth, so they can help you.

Did you know...?

Alpacas need dentists, too! Veterinarian, Dr. Allen Cannedy, is examining the teeth and mouth of Naria the alpaca. Everything looks good Naria!

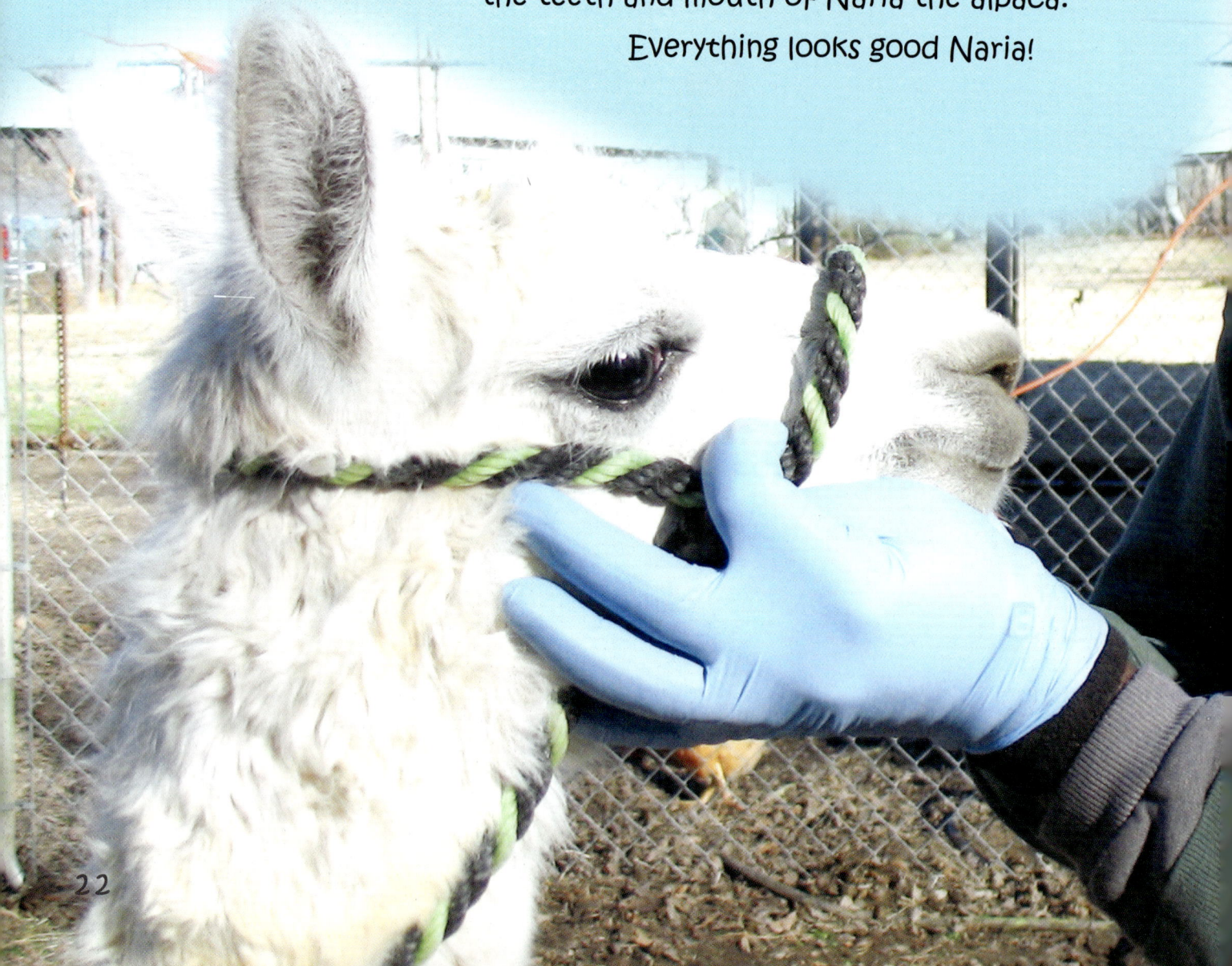

23

Word Bank

canine teeth
carnivore
cavity
dentist
dental float
dental hygienist
explorer
gingivitis
herbivore
incisors
mirror
molars
omnivore
plaque
premolars
probe
scaler
veterinarian

Banco de palabras

caries
carnívoro
curetaje
dentista
dientes caninos
espejo
explorador
gingivitis
herbívoro
higienista dental
incisores
lima dental
molares
omnívoro
premolares
sarro
sonda
veterinario

23

¿Sabías que...?

¡Las alpacas también necesitan dentistas! Veterinario, Dr. Allen Cannedy, está examinando los dientes y la boca de Naria, la alpaca. ¡Todo se ve bien Naria!

Puedes cepillar los dientes de tu animal para mantenerlos limpios. Es muy importante que uses una pasta dentífrica especial. La pasta dentífrica hecha para las personas puede ser tóxica para los animales como perros y gatos. Algunas mascotas les gusta que les cepilles los dientes y a otras no les gusta.

Siempre pídele ayuda a un adulto antes de cepillar los dientes de tu mascota.

Puedes cuidar tus dientes cepillándolos dos veces al día, usando el hilo dental, poniéndote un protector bucal si juegas algún deporte y al no comer muchos dulces pegajosos ni gomosos.

Cuidando los dientes

Puedes cuidar bien tus dientes manteniéndolos limpios, protegiéndolos y comiendo comida saludable. Tu dentista te va a enseñar cómo cuidarte bien a tus dientes. Tu veterinario te va a enseñar cómo cuidar bien a los dientes de tu animal.

Tu dentista va a arreglar los problemas de tus dientes. Es posible que tu dentista arregle un diente roto, una caries o saque un diente malo que no se quiere salir por sí mismo. Tu veterinario va a arreglar los mismos problemas que puede tener tu animal. Tu veterinario también va a ayudar los animales con otros tipos de problemas. Es posible que los dentistas tengan que recortar los dientes de un conejo si les crecen demasiado largos.

Tu dentista e higienista dental van a limpiar y pulir tus dientes. Tu veterinario y tecnólogo veterinario van a cuidar los dientes de tu animal.

Algunas partes de tus dientes están escondidas dentro de tus encías así que el dentista no las puede ver. Para asegurarse de que estas partes se encuentren saludables, tu dentista va a tomar fotos especiales con una máquina de rayos X. Los veterinarios también usan las máquinas de rayos X para tomar fotos de los dientes de tu animal.

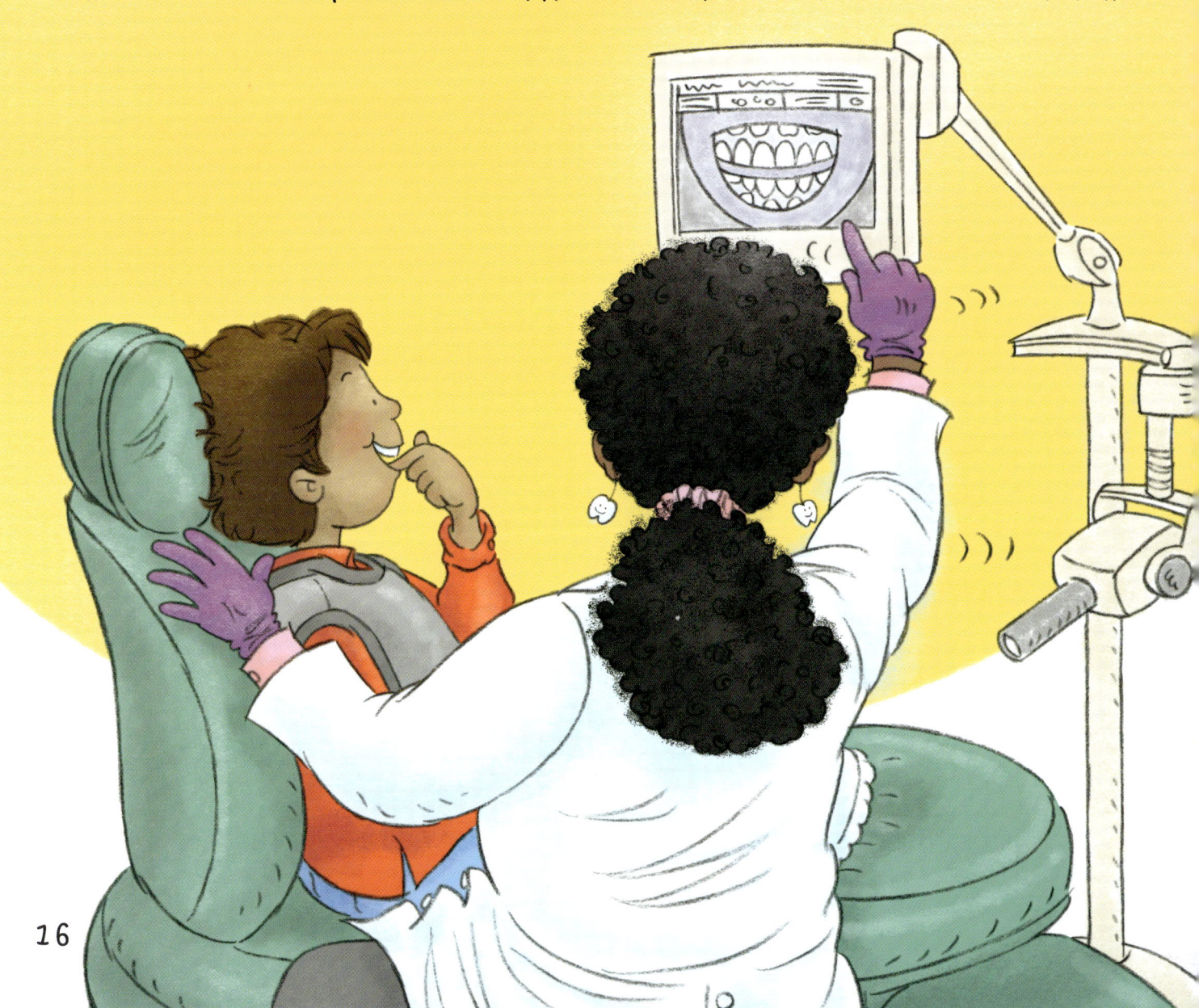

El espejo se usa para explorar las áreas difíciles de ver en la boca.

El curetaje se usa para limpiar las cosas atascadas en la superficie del diente.

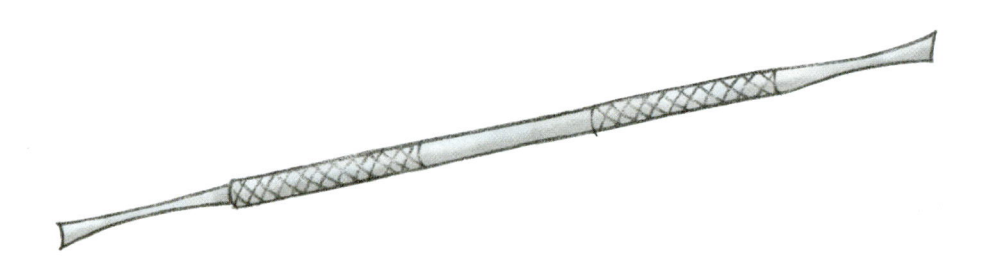

Otros instrumentos se usan para pulir, quitar y arreglar los dientes.

Instrumentos son las herramientas que el doctor usa para examinar los dientes. Los veterinarios y los dentistas de humanos usan muchos de los mismos instrumentos.

La sonda se usa para examinar las encías alrededor de los dientes y para verificar si un diente está flojo.

El explorador se usa para ver si hay áreas blandas o grietas en el diente.

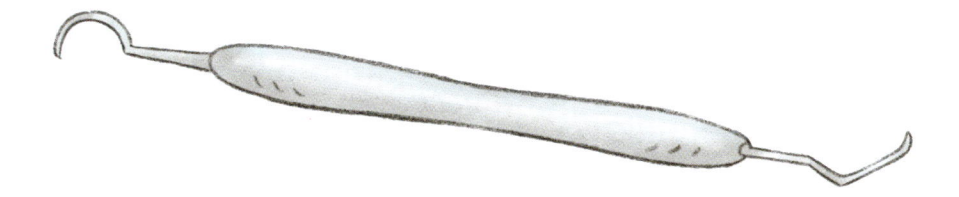

Tu veterinario va a mirar la boca de tu animal para asegurarse de que todo se encuentre bien. A los animales se les da medicina para que se duerman mientras el veterinario les hace un buen examen sin el riesgo de ser mordido por accidente.

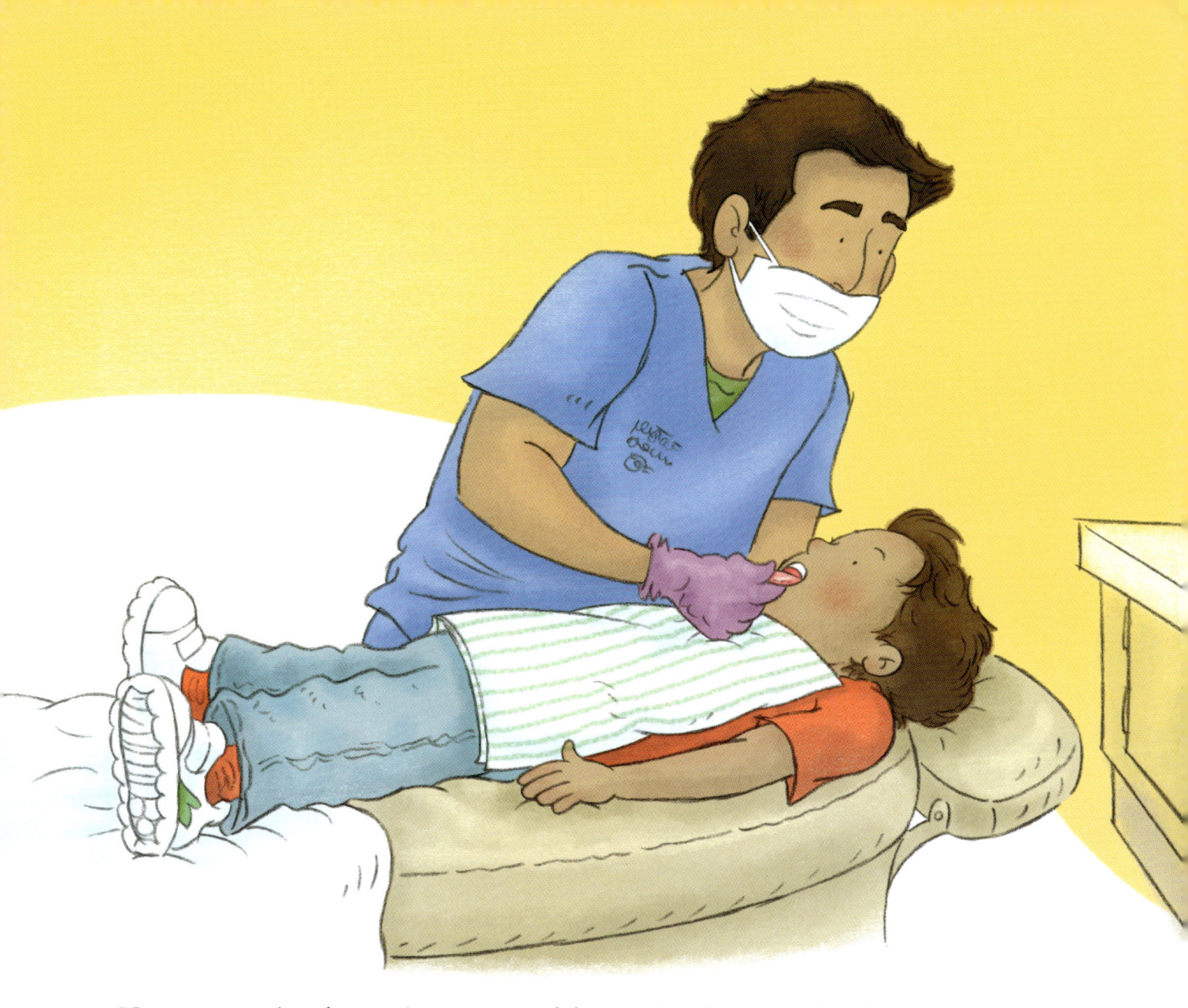

Vas a estar despierto durante tu visita al dentista. Tu dentista te va a pedir que abras tu boca lo más grande posible. Tu dentista va a mirar dentro de tu boca para asegurarse de que tus dientes, encías y lengua se encuentren saludables.

¿Qué sucede durante el examen dental?

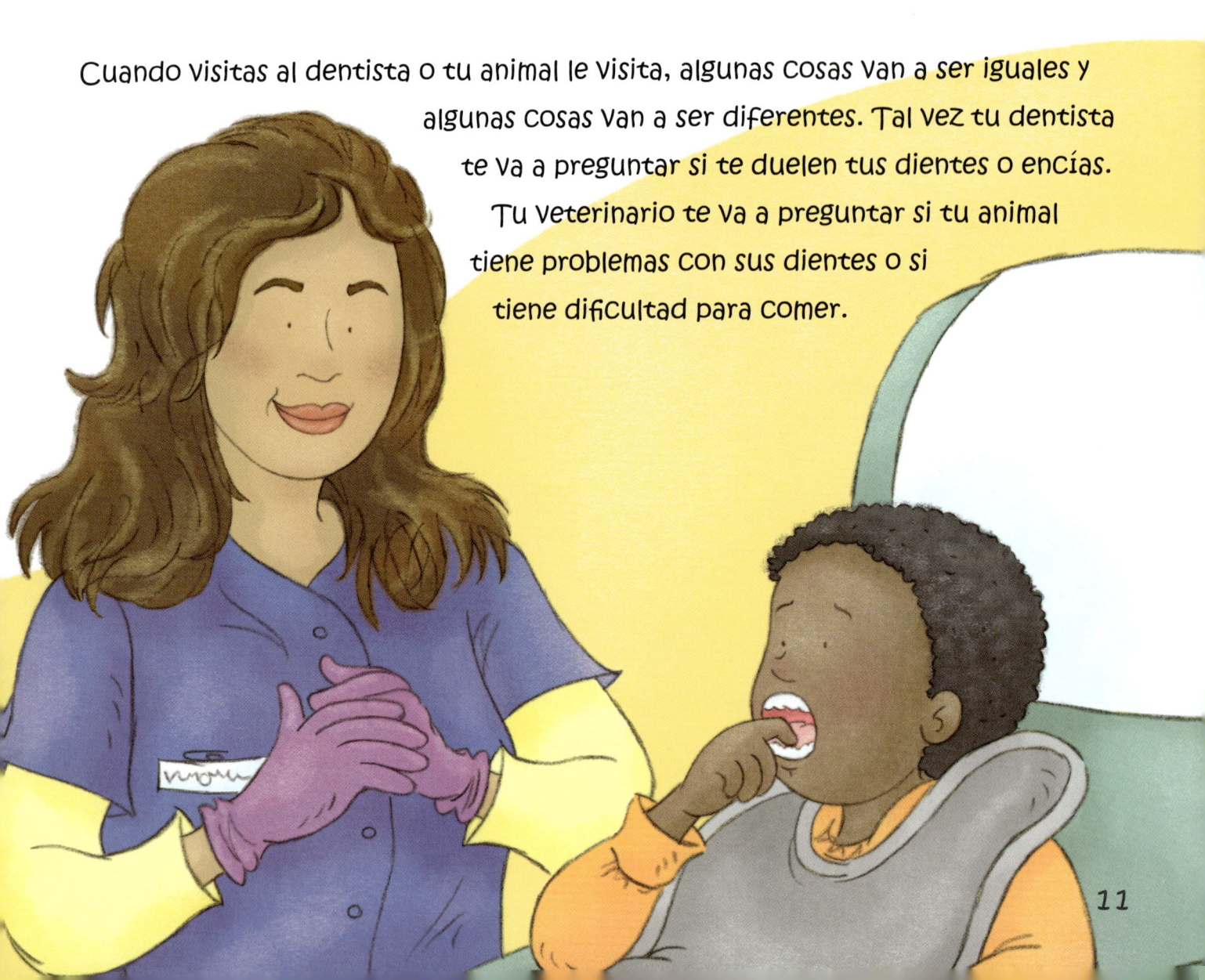

Cuando visitas al dentista o tu animal le visita, algunas cosas van a ser iguales y algunas cosas van a ser diferentes. Tal vez tu dentista te va a preguntar si te duelen tus dientes o encías. Tu veterinario te va a preguntar si tu animal tiene problemas con sus dientes o si tiene dificultad para comer.

¿Por qué las personas y los animales van al dentista?

Las personas van al dentista para mantener sus dientes y boca saludables. El dentista o el higienista dental va limpiar y examinar tus dientes. El dentista va buscar gérmenes que pueden acumularse en los dientes (sarro), examinar si tienes las encías rojas o inflamadas (gingivitis) o si tienes agujeros en los dientes (caries). Los dentistas también pueden arreglar los dientes que han sido astillados o rotos por accidente. Los animales van al veterinario para tener sus dientes revisados por las mismas razones que van las personas. Los tecnólogos veterinarios ayudan al veterinario.

Los dientes pueden ayudarte a adivinar la edad de un animal o de una persona. Con las personas, puedes ver los dientes de leche como a los seis meses de edad. Y de los dientes permanentes se pueden ver como a los seis años. Las diferentes clases de dientes permanentes salen en momentos diferentes.

Cuando se ven los dientes

	Personas	Perro	Vaca
Dientes de leche	6 meses de edad	3-5 semanas de edad	Cuando nacen los terneros
Dientes incisivos permanentes	6-9 años de edad	4-5 meses de edad	1 ½ -3 años de edad
Dientes caninos permanentes	9-12 años de edad	6-10 meses de edad	3 ½-4 años de edad
Dientes premolares permanentes	10-13 años de edad	4-6 meses de edad	2-3 años de edad
Dientes molares permanentes	6-21 años de edad	4-7 meses de edad	5 meses – 2 ½ años de edad

Los animales que tienen los dientes puntiagudos y planos, como las personas, pueden comer carne y plantas. Los animales que comen carne y plantas se llaman omnívoros.

¿Qué puedes aprender de los dientes?

Puedes aprender mucho de un animal con tan solo mirarle sus dientes. Los dientes te pueden decir lo que come un animal. Los animales con los dientes afilados y puntiagudos, como los tigres, comen carne. Los que comen carne se llaman carnívoros.

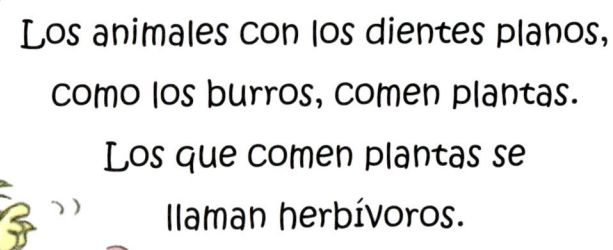

Los animales con los dientes planos, como los burros, comen plantas. Los que comen plantas se llaman herbívoros.

Los conejos tienen dientes incisivos y molares, esos dientes están en continuo crecimiento. Ellos mastican cosas para mantener sus dientes en una longitud adecuada.

Los animales que tienen cuatro partes de su estómago como las vacas, ovejas y jirafas solamente tienen sus incisivos en la parte de abajo de la mandíbula.

Los perros, gatos y las personas tienen dientes de leche que con tiempo se caen y luego les empiezan a salir los dientes permanentes. Si un diente permanente se cae, un diente nuevo no lo reemplaza.

Hay algunos lagartos que pierden o se deshacen de sus dientes igual que cuando pierden su piel. Los dientes derramados son reemplazados por dientes completamente nuevos.

Datos divertidos de los dientes

Hay muchas clases de dientes:

Los incisivos son los dientes al frente de la boca que se usan para agarrar comida y cortarla en pedazos pequeños.

Los caninos son los dientes afilados y puntiagudos que se usan para agarrar y desgarrar comida.

Los premolares y molares son los dientes que se usan para agarrar, triturar, desgarrar o aplastar comida.

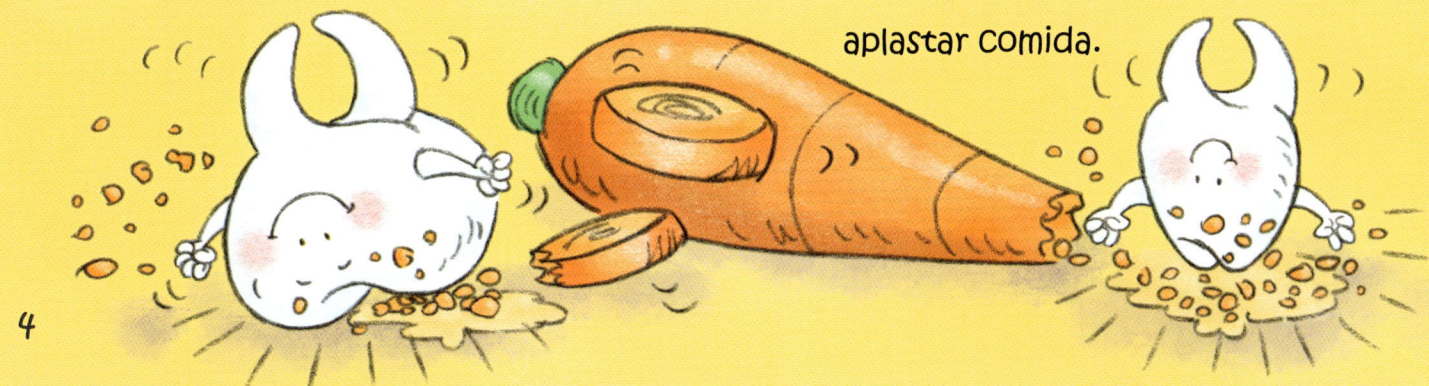

Contenido

Datos divertidos de los dientes 4

¿Qué puedes aprender de los dientes? 7

¿Por qué las personas y los animales van al dentista? 10

¿Qué sucede durante el examen dental? 11

Cuidando los dientes 19

¿Sabías que…? 22

Banco de palabras 24

This Is How We "ROLE"
Inspiring Future Veterinarians

¡Los burros también necesitan dentistas!

Escrito por: Sandra San Miguel, D.V.M., Ph.D.

Ilustrado por: CA Nobens

Agradecimientos

El contenido de este libro fue revisado por Gary Lantz, D.V.M., DAVDC, DACVS; Michelle H. Edwards, D.D.S., M.S.D.; Nickie Baird, D.V.M., M.S., DACVS; y Adrianne Fisch, B.S. (Consumidor y Estudios Comunitarios). El diseño del libro fue de Allison Carey, B.A. (Bellas Artes). La traducción fue realizada por Juan Zamora-Moran B.A., M.A.T. Los estudiantes veterinarios que apoyaron con este libro eran Lilliana Munoz; Janet Roque-Torres; Ivette Nikol Irizarry; y Ezequiel Montanez-Rivera, B.S. Las imágenes fueron proporcionadas por Jonathan Lai. También quisiéramos agradecer a la Universidad de Purdue Press.

Resumen

Los dentistas y veterinarios se aseguran de que las personas y sus animales tengan dientes saludables.

Este proyecto está respaldado por los programas de Science Education Partnership Award (SEPA) de los Institutos Nacionales de la Salud (NIH). Su contenido es la responsabilidad exclusiva de los autores y no representa necesariamente la visión oficial de los NIH.

NIH . . . *Turning Discovery Into Health*

ISBN 978-1-62671-070-2

© 2017, Purdue University. Todos los derechos reservados.
Una producción del Colegio de Medicina Veterinaria de la Universidad Purdue.

Aprende más sobre este proyecto:
www.WeRoleLikeThis.org

Purdue University Science Education Partnership Award (SEPA), NIH

¡Los burros también necesitan dentistas!

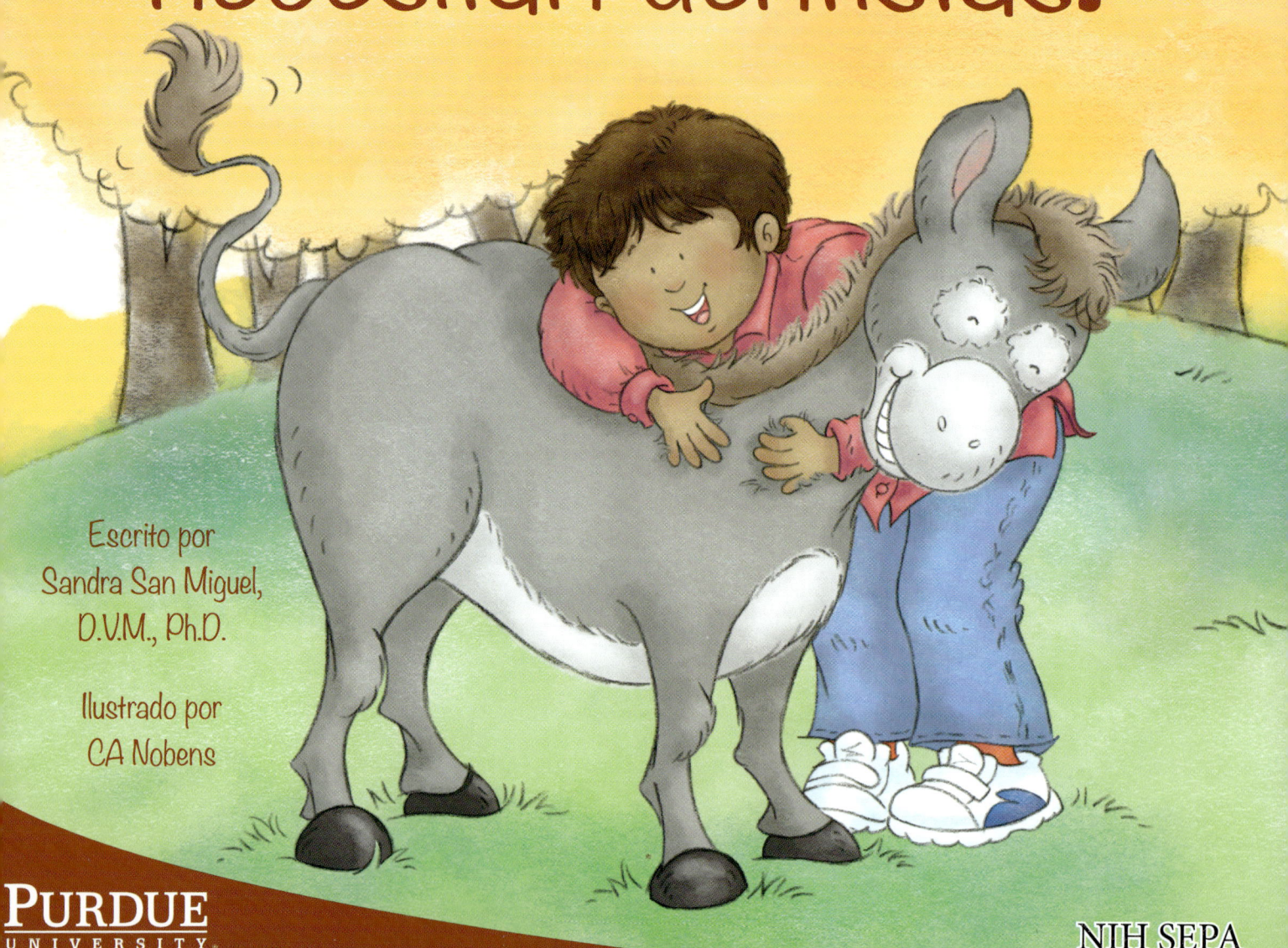

Escrito por
Sandra San Miguel,
D.V.M., Ph.D.

Ilustrado por
CA Nobens

PURDUE UNIVERSITY

NIH SEPA